Stuttgart

lieben lernen

*Der perfekte Reiseführer für einen unvergessli-
chen Aufenthalt in Stuttgart inkl. Insider-Tipps,
Tipps zum Geldsparen und Packliste*

Henrike Schwabstedt

✈ INHALT

Das erwartet Sie in diesem Buch

Wenn Sie einen unterhaltsamen und aufregenden Städtetrip unternehmen möchten, sollten Sie es in Betracht ziehen, einige Tage in der Landeshauptstadt von Baden-Württemberg zu verbringen: **Stuttgart**.

Die schwäbische Metropole hat einiges zu bieten und ist nicht nur für Erwachsene eine Reise wert. Auch für Kinder und Jugendliche gibt es in und um Stuttgart einiges zu erkunden und bietet Unterhaltungswert für Jung und Alt. Lassen Sie sich entführen in eine Stadt, die nicht nur für ihre schönen und exklusiven Autos bekannt ist, sondern auch durch alte Schlösser und weitere historische Gebäude begeistert.

In diesem Buch möchte ich Ihnen interessante Orte und Sehenswürdigkeiten näherbringen, damit Sie bei einem erholsamen Urlaub in dieser schönen Stadt auf Ihre Kosten kommen. Lernen Sie die schwäbische Küche kennen und setzen Sie sich mit der schwäbischen Lebensart auseinander. So werden Sie feststellen, dass es sich im **Ländle** gut leben lässt.

Als Besucher dieser Stadt werden Sie erleben, dass der Schwabe ein besonderer Zeitgenosse ist und seine Eigenarten hat, die er auch nicht zu verstecken versucht. Dazu zählt auch die Gastfreundschaft gegenüber Besuchern aus anderen Regionen. All diese Besonderheiten machen einen Städtetrip in die schwäbische Hauptstadt zu einem Erlebnis, das Sie nicht verpassen sollten.

Kommen Sie nun mit auf eine Reise in den **Kessel** und überzeugen Sie sich selbst davon.

Die schwäbische Metropole

Die bevölkerungsreichste Stadt in Baden-Württemberg – mit über 632.000 Einwohnern – ist Stuttgart, welche auch gleichzeitig die Landeshauptstadt des südwestdeutschen Bundeslandes ist. Bekannt ist die Stadt vor allem für die Automobilindustrie, durch die zwei großen Autohersteller Porsche und Daimler, die zahlreichen Produktionsstätten sowie auch die Hauptwerke, die sich in und um Stuttgart befinden.

Durch die hohe Affinität zur Automobilbranche ist es offensichtlich, dass das Ballungsgebiet um Stuttgart vor allem durch die gute Verkehrsanbindung bekannt ist. Wenn Sie Stuttgart besuchen wollen, sollten Sie es sich vorher überlegen, auf welche Weise die Anreise erfolgen soll. Denn sowohl in der Innenstadt als auch außerhalb von Stuttgart ist das Verkehrsaufkommen sehr hoch. Aber es gibt gute Möglichkeiten, sich im Ballungsgebiet Stuttgart ohne Auto fortzubewegen.

Der Stuttgarter Hauptbahnhof ist zentral gelegen und befindet sich in unmittelbarer Nähe zur Königstrasse, der größten Einkaufspassage der Landeshauptstadt. Hier befinden sich große Modegeschäfte und Einkaufsläden sowie auch die bekanntesten Sehenswürdigkeiten in Stuttgart:

Das alte und neue Schloss mit dem sehenswerten Schlossplatz (Schillerplatz). Diese historischen Bauwerke begeistern nicht nur Touristen, auch die Stuttgarter selbst sind sehr stolz auf diese besonderen Gebäude. Im Alten Schloss befindet sich ebenfalls das Württembergische Landesmuseum. Im neuen Schloss finden auch immer wieder Sonderführungen statt, sodass das Gebäude auch von innen

besichtigt werden kann. Hierzu sollten Sie sich früh-
zeitig erkundigen, damit Sie bei einer Reise nach
Stuttgart das Ambiente des Schlosses genießen können.

Besonders auffällig an Stuttgart ist der große
Höhenunterschied innerhalb des Stadtgebietes. Deswegen wird das Stadtgebiet auch umgangssprach-
lich „der Kessel" genannt. Wenn Sie von außerhalb in
die Innenstadt hineinfahren, wird offensichtlich, wo-
her dieser Name kommt. Sie können einen großen
Teil der Stadt von außerhalb überblicken und
dadurch ist es möglich, wunderschöne Erinnerungs-
fotos der schwäbischen Metropole zu knipsen.

Das Ballungsgebiet rund um Stuttgart bietet
auch für Naturliebhaber einiges. Hier können Sie
auch gerne die schönen Weinberge betrachten, die
Sie auch in unmittelbarer Nähe zum Stadtgebiet finden können. Wenn Sie mit dem Auto nach Stuttgart
fahren möchten, werden die Weinberge Ihnen ins
Auge stechen.

Es ist ratsam, sich innerhalb von Stuttgart mit
den öffentlichen Verkehrsmitteln fortzubewegen.
Mit der S-Bahn (S1-S6, S60) und der Stadtbahn (U1-
U15) kommen Sie kostengünstig von A nach B und

das Streckennetz ist gut ausgebaut und getaktet. Ergänzend dazu verfügt Stuttgart auch über ein Buslininennetz, mit dem Sie die Gegend ebenfalls erkunden können.

Der Flughafen von Stuttgart befindet sich etwas außerhalb in der Stadt Echterdingen. Doch auch hier gibt es gute Bus- und Bahnverbindungen, die sie direkt nach Stuttgart bringen. Innerhalb von maximal 30 Minuten sind Sie in der Stadtmitte und von dort erreichen Sie die verschiedenen Stadtgebiete zügig.

In den Hauptverkehrszeiten morgens und abends sollte Ihnen allerdings bewusst sein, dass es auch zu Verspätungen kommen kann, da die Benutzung der öffentlichen Verkehrsmittel in der Innenstadt sehr beliebt ist. Aber durch das großzügig ausgebaute Bahnnetz erreichen Sie Ihre Ziele auf jeden Fall und können so einen besonderen Städtetrip in der schwäbischen Metropole erleben.

Außerhalb von Stuttgart entdecken Sie ebenfalls einige interessante Städte und so können Sie auch die Umgebung rund um die Stadt erkunden. Als Beispiele möchte ich Ihnen nun noch zwei Städte ans Herz legen:

Ludwigsburg befindet sich etwa 30 km von Stuttgart entfernt und ist mit der S-Bahn innerhalb von 15 bis 20 Minuten zu erreichen. Hier gibt es ebenfalls viele Sehenswürdigkeiten, wie verschiedene alte Schlösser und Museen. Zudem gibt es einen bekannten Rundwanderweg, bei dem Sie an den bekanntesten und schönsten Orten vorbeigeführt werden.

Wenn Sie noch ein wenig Zeit übrighaben, können Sie auch gerne die Stadt **Sindelfingen** besuchen, die sich ebenfalls etwa 30 km entfernt befindet und mit der S-Bahn erreicht werden kann. Hier befindet sich das größte Werk der Firma Daimler, die Stadt ist bekannt für einige historische Bauwerke und wunderschöne Parkanlagen.

Es gibt noch weitere interessante Städte und Gebiete rund um Stuttgart. Wenn Sie sich mit dem Ballungsgebiet rund um Stuttgart auseinandersetzen, werden Sie die schönsten Orte für Ihre Bedürfnisse finden und einen unvergesslichen Aufenthalt erleben.

Die deutsche Automobilhauptstadt

Wenn Sie einen Städtetrip nach Stuttgart unternehmen, werden Sie zwangsläufig auf den weltbekannten Mercedesstern und das ausgefallene Wappen des Porsche-Konzerns stoßen. Das ist in dieser Stadt unvermeidbar, da sich in und um Stuttgart die größten Werke der Weltkonzerne **Porsche AG** und **Daimler AG** befinden.

Die Firma Daimler hat seine Hauptniederlassung im Stadtteil Untertürkheim, das sich unweit der Mercedes-Benz-Arena in Bad Cannstatt befindet.

Hier ist der Dreh- und Angelpunkt der Aktiengesellschaft ansässig und viele Bewohner Stuttgarts sind mit diesem Unternehmen verbunden. Wenn Sie sich in der Nähe davon befinden, wird Ihnen als erstes der große Mercedesstern ins Auge stechen. Aber nicht nur das ist sehr auffällig, auch die Fläche, die der Konzern in der Landeshauptstadt einnimmt, ist gigantisch. Es gibt zahlreiche Werke über Stuttgart verteilt und auch außerhalb von Stuttgart können Sie viele weitere Werke betrachten.

Falls Sie sich für die Geschichte des Konzerns interessieren, sollte ein Besuch im **Daimler-Benz-Museum** zu einem gelungenen Trip nach Stuttgart dazugehören. Im Museum in der Mercedesstrasse finden Sie viele historische Fahrzeuge, vom ersten patentierten Automobil der Geschichte bis zu den neuesten Entwicklungen der Autoindustrie.

Das Gebäude allein ist schon atemberaubend. Betreten Sie das Museum, werden Sie weitere schöne Anblicke erhaschen. Die klassischen Modelle werden Ihnen den Atem rauben, wenn Sie einmal davorstehen und sie sich genauer betrachten. Auf mehr als 16500 Quadratmetern können Sie sich selbst davon überzeugen. Außerdem finden regelmäßig

Veranstaltungen und Sonderausstellungen im Museum statt. Dazu können Sie sich vor Reiseantritt gerne auf der Internetseite des Mercedes-Benz-Museums informieren.

Der Konzern Porsche AG hat seine Hauptniederlassung im Stuttgarter Stadtteil Zuffenhausen. Das befindet sich etwas außerhalb von Stuttgart, aber durch die gute Verkehrsanbindung ist auch das sehr gut zu erreichen. Der Konzern bietet Werksführungen an, wobei man sich dafür vorher anmelden muss.

Das können Sie dann verbinden mit einem Besuch im außergewöhnlichen **Porsche-Museum**. Wenn Sie nach Stuttgart-Zuffenhausen fahren, werden Sie an diesem wunderschönen Gebäude am Porscheplatz vorbeikommen. Hier können Sie die Geschichte von Porsche bestaunen. Auf 5600 Quadratmetern sehen Sie die ersten Modelle des Weltkonzerns sowie auch die neuesten Fahrzeuge aus nächster Nähe. Auch hier ist es ratsam, sich vor einem Urlaub in Stuttgart zu informieren, da ebenfalls Sonderausstellungen stattfinden, sowie spezielle Events.

Wenn Sie beide Museen besuchen möchten,

bekommen Sie einen Rabatt von 25 % bei Vorlage der Eintrittskarte des zuerst besuchten Museums. Es bietet sich daher an, einen entspannten Tagesausflug in beide Museen zu unternehmen und die außergewöhnlichen Fahrzeuge zu bestaunen.

Im Porsche-Museum gibt es auch die Möglichkeit, im integrierten Restaurant in einem ganz besonderen Ambiente zu speisen. Hier können Sie während einer guten Mahlzeit den Blick durch die Glasfassade auf den Porscheplatz und die Ausstellungsfahrzeuge im Museum genießen. Sollten Sie in größeren Gruppen anreisen, ist es aber ratsam, sich vorher einen Tisch zu reservieren. Hierzu können Sie sich auf der Internetseite des Porsche-Museums genauer informieren.

Ein weiteres interessantes Gebäude, mit Bezug zur Automobilindustrie, ist das **Robert-Bosch-Haus** in Stuttgart-Ost. Dieses historische Gebäude, das in den Jahren 1910/1911 erbaut wurde, ist der ehemalige Wohnsitz des Fabrikanten Robert Bosch, der ebenfalls in Stuttgart gewirkt hat.

Das Gebäude steht inmitten eines Parks und ist seit 1986 der Sitz der **Robert-Bosch-Stiftung**. Nach dem Zweiten Weltkrieg wurde die „Villa Bosch", wie

das Gebäude auch genannt wird, von den Amerika-
nern als Gästehaus benutzt und wurde später zum
französischen Konsulat. Noch heute hat die Firma
Robert Bosch GmbH in Stuttgart einen guten Ruf und
viele verschiedene Niederlassungen verteilen sich
über die Stadt.

Wie Sie sehen, gibt es für Automobilfans in der
Landeshauptstadt Stuttgart vieles zu bestaunen.
Nehmen Sie sich gerne Zeit für einen außergewöhn-
lichen Ausflug in die Geschichte des Automobils. Sie
werden begeistert sein und Eindrücke gewinnen, die
Sie lange nicht vergessen werden.

Die Stuttgarter Innenstadt

Wenn Sie gerne bei einem Besuch der Innenstadt von Stuttgart einige schöne Stunden erleben möchten, ist es unumgänglich, die großzügig gestalteten Einkaufspassagen zu besuchen.

Direkt am Hauptbahnhof befindet sich die längste Einkaufspassage von Stuttgart: **die Königstrasse.** Auf der bekannten historischen Straße, in der Stuttgarter Stadtmitte, haben Sie die Möglichkeit, bekannte Modeketten und verschiedene traditionelle Einkaufsläden zu besuchen und dabei einige Erinnerungsstücke aus der Stadt mitzunehmen. Zudem finden Sie hier kleine und große Coffeeshops und andere gastronomische Leckerbissen. Die Einkaufsstraße ist in der Regel hoch frequentiert, da es sich hier für jedermann gut aushalten lässt.

Auf der über 1200 Meter langen Straße werden Sie die perfekte Mischung aus Moderne und Historie bestaunen können. Genießen Sie die Aussicht auf den Schlossgarten oder lassen Sie es sich gut gehen bei einem entspannten Kaffee in der Fußgängerzone dieser außergewöhnlichen Innenstadt.

Einen Besuch wert sind auch die **Königsbau Passagen Stuttgar**t, ein besonderes Einkaufszentrum mit unzähligen internationalen Mode- und Beautygeschäften, Imbissen und Restaurants und anderen vielseitigen Einkaufsmöglichkeiten. In der Stuttgarter Innenstadt werden Sie für jedes Alter und jedes Interesse etwas Interessantes finden können.

Wenn Ihnen das noch nicht ausreicht, schlendern Sie ruhig weiter durch die Gassen und Wege, denn Sie werden hier in unmittelbarer Umgebung weitere interessante Einkaufspassagen finden.

Das **Milaneo Stuttgart** finden Sie am Mailänder Platz, nur wenige Gehminuten von der Königstrasse entfernt. Dieser dreiteilige Gebäudekomplex wurde erst im Jahr 2014 eröffnet und ist mit 43000 m^2 eines des größten Einkaufszentren Süddeutschlands. Doch das ist noch nicht alles: Wenn Sie direkt in der Stadtmitte residieren möchten, gibt es die Möglichkeit, im integrierten Aloft-Hotel eines der 165 Zimmer zu buchen. Des Weiteren befinden sich im Gebäude Mietwohnungen und Büros.

Einen Besuch wert sind auch die vier **Innenstadtkinos** von Stuttgart:

- **Gloria (Königstrasse 20)**

- **Metropol (Bolzstraße 19)**

- **EM (Bolzstraße 4)**

- **CINEMA (Ecke Bolzstraße 4/Königstrasse 22)**

Am besten informieren Sie sich direkt im Internet über das Kinoerlebnis Ihrer Wahl. Hierzu gibt es eine gute Übersicht auf der dazugehörigen Webseite. Das Kinoerlebnis wird dabei abgerundet von verschiedensten Themenabenden, in denen auch klassische Filme sowie die aktuellsten Blockbuster ausgestrahlt werden. Als einziges Kino in Stuttgart bietet das Gloria das Dolby Atmos Soundsystem an, welches das Kinoerlebnis zu einem noch spektakuläreren Erlebnis macht.

Außerdem finden in der Stuttgarter Innenstadt regelmäßige Veranstaltungen statt, die nicht nur in der Bevölkerung für Begeisterung sorgen:

Das **Stuttgarter Weindorf** ist eine dieser besonderen Veranstaltungen, bei der Sie sich einen entspannten Abend, bei dem ein oder anderen Gläschen Wein aus dem Schwabenland, machen können. Auch kulinarisch kommen Sie dabei auf Ihre Kosten, da es viele verschiedene Stände gibt, an denen Sie auch regionale Leckerbissen kennenlernen und genießen können.

Ebenfalls sehr beliebt bei den Einwohnern und Gästen von außerhalb, ist der **Stuttgarter Weihnachtsmarkt**. Der mit Abstand größte Weihnachtsmarkt in der Umgebung zieht die Menschen magisch an. Jedes Jahr können Sie hier schöne, besondere

Momente bei Glühwein und dem berühmten schwäbischen Zwiebelkuchen erleben. Freuen Sie sich auf die Stuttgarter Gastfreundschaft und genießen Sie die schwäbische Lebensart im wunderschönen winterlichen Ambiente rund um den Schlossplatz.

Sie können in der Stuttgarter Stadtmitte viele schöne Stunden verbringen und werden überrascht sein, was Sie alles entdecken können in dieser schönen Stadt. Wenn Sie etwas Bestimmtes suchen, oder nähere Informationen benötigen, finden Sie direkt am Beginn der Königstrasse das Touristen-Informations-Zentrum. Hier werden Sie von netten Menschen beraten, die Ihnen gerne behilflich sein werden, um einen schönen Aufenthalt in der Stuttgarter Innenstadt zu ermöglichen.

Sind Sie noch nicht überzeugt davon, dass eine Reise in die schwäbische Metropole ein außergewöhnliches Erlebnis für Jung und Alt ist? Dann lesen Sie bitte unbedingt weiter, denn es gibt noch einiges mehr im Kessel zu bestaunen. Ich freue mich, Sie weiter davon zu überzeugen, dass der Besuch unvergesslich sein wird und Sie die Stadt lieben lernen werden.

Sehenswürdigkeiten

Die Stadt Stuttgart ist nicht nur für Genießer eine Reise wert. Im ganzen Stadtgebiet verteilt finden sich zahlreiche historische Sehenswürdigkeiten, die abgerundet werden durch neue, moderne Ausflugsziele. In diesem Kapitel möchte ich Ihnen nun die wichtigsten und schönsten Orte in und um Stuttgart näherbringen, damit Sie bei einem Städtetrip selbst entscheiden können, welche Ziele Sie besuchen möchten. Ausgehend von der Stadtmitte im Bereich der Königstrasse, bis außerhalb der Stadt werde ich Ihnen die wichtigsten Gebäude und Plätze genauer beschreiben.

Der wichtigste, und vielleicht auch schönste Ort der Stuttgarter Innenstadt, ist das Stuttgarter Schlossgelände, bestehend aus dem alten Schloss und dem neuen Schloss, dass sich direkt an der Königstrasse befindet. Dazu gehört auch der Schlossplatz (Neues Schloss) und der Schillerplatz (Altes Schloss). Diese zwei wichtigen Orte werden Ihnen sofort ins Auge stechen, sobald Sie einmal die Königstrasse entlanglaufen.

Das Alte Schloss (Schillerplatz 6, 70173 Stuttgart)
Das Alte Schloss wurde bereits im Jahr 941 gebaut. Es hat eine bewegte Geschichte hinter sich. Nach dem Zweiten Weltkrieg wurde es restauriert und ab 1970 zur Heimat des Württembergischen Landesmuseums. Das Gebäude besteht aus drei Rundtürmen und der dazugehörigen Schlosskirche, die nach dem ersten und dem Zweiten Weltkrieg weitestgehend unbeschädigt geblieben sind.

Auf dem Schillerplatz, der früher als Schlossplatz bezeichnet wurde, steht ein Denkmal des Dichters Ludwig Schiller, der in der Nähe von Stuttgart aufgewachsen ist und gelebt hat. Der Innenhof kann kostenfrei besichtigt werden und es gibt auch die Möglichkeiten, Räumlichkeiten im Schloss zu mieten für besondere Veranstaltungen. Der dazugehörige Schlosshof wird auch regelmäßig für besondere öffentliche Veranstaltungen genutzt, wie z. B. dem alljährlichen Stuttgarter Kultursommer. Hier treten regionale Musiker auf und präsentieren den Schlosshof von seiner schönsten Seite.

Das neue Schloss (Schlossplatz 4, 70173 Stuttgart)
Der Hauptbau des neuen Schlosses wurde ab dem Jahre 1744 gebaut. Das Ziel des Baus war im Königreich Württemberg ein zweites Schloss Versailles zu errichten, mit 3 Gebäudeflügeln und einem hufeisenförmigen Ehrenhof. Mehrere Baumeister haben an der Erbauung des Schlosses gearbeitet, bis es dann erst im Jahre 1951 vollständig in seiner heutigen Form fertiggestellt wurde.

Das Innere des Schlosses wurde während des Zweiten Weltkriegs schwer zerstört und es wurde danach auch darüber diskutiert, das schöne Gebäude wieder abzureißen. Heute kann man sagen, dass das die richtige Entscheidung war, weil es eines der Wahrzeichen Württembergs ist und auch das Stadtbild Stuttgarts entscheidend prägt.

Leider ist das Besichtigen des Gebäudeinneren nur im Rahmen gelegentlicher Sonderführungen möglich, aber auch von außerhalb bietet das Schloss einen unvergesslichen Anblick und ist aus Stuttgart nicht mehr wegzudenken.

Im Schloss befindet sich heute das Finanzministerium von Baden-Württemberg, mit Repräsentationsräumen der Landesregierung, darunter der Marmorsaal, die Aeneasgalerie im Mitteltrakt und auch ein Teil des Kultusministeriums.

Für gelegentliche kulturelle Veranstaltungen steht der Weiße Saal im Planieflügel bereit. Viele Stuttgarter und Besucher von Stuttgart nutzen den großzügig ausgebauten Schlossplatz für Erholung im außergewöhnlichen Ambiente. Die Grünflächen, sowie der unbeschreibliche Ausblick auf das Schloss bieten wahrhaft einen Anblick wie aus einer anderen Zeit, als noch die Herzöge und Könige von Württemberg in diesem Gebäude lebten.

Stuttgarter Staatsgalerie
(Konrad-Adenauer-Straße 30<32. 70173 Stuttgart)
Ein weiteres Highlight, und immer einen Besuch wert, ist die Stuttgarter Staatsgalerie. Es ist ein Kunstmuseum und beherbergt historische Kunstwerke vom 14. Jahrhundert bis zur heutigen Gegenwart.

Nicht nur die Kunstwerke sind außergewöhnlich, auch das Gebäude selbst ist für jeden Besucher ein besonderer Anblick. Es wurde erst im Jahre 1980 erweitert und dadurch können Sie ein Gebäude betrachten, dass nicht nur durch die historische Bauweise überzeugt. Im Jahre 1843 erbaut, beherbergt es Kunstwerke von vielen verschiedenen Künstlern, wie z. B. von Rembrandt, Rubens und eine der umfangreichsten Sammlungen von Werken des weltbekannten Künstlers Pablo Picasso in Deutschland.

Wenn Sie mittwochs die Staatsgalerie besuchen möchten, erhalten Sie freien Eintritt. Doch auch an anderen Wochentagen lohnt sich ein Besuch, denn der Eintrittspreis für die Galerie ist mit sieben Euro für Erwachsene auf jeden Fall lohnenswert. Bei Sonderausstellungen zahlen Erwachsene 12 Euro.

Stuttgart Markthalle, Dorotheenstraße 4

Wollen Sie lieber einige kulinarische Leckerbissen in der Innenstadt von Stuttgart erleben, so bietet sich der Besuch der Stuttgarter Markthalle an. Hier ist auch historisch gesehen einer der Mittelpunkte der Stuttgarter Innenstadt, da schon seit dem Jahre 1300 auf diesem Gelände ein Marktplatz bzw. eine Markthalle bestanden hat. Der heutige Bau wurde im Jahr

1914 neu errichtet, da die alte Markthalle schlichtweg zu klein geworden war.

In der Markthalle bieten rund 33 Händler frische Obst- und Gemüsewaren, Fisch, Fleisch und Blumen an. Außerdem gibt es auch gastronomische Betriebe, die Ihren Hunger stillen können.

Lassen Sie sich diesen Besuch nicht entgehen und erleben Sie traditionsreiche Marktatmosphäre im besonderen schwäbischen Stil. Im zweiten Stock der Markthalle finden Sie außerdem noch weitere interessante Händler, über Literatur bis hin zu hochwertigen Kosmetikartikeln werden Sie hier sicher einige Entdeckungen machen können.

Stiftskirche Stuttgart, Stiftstraße 12

Zu einer historischen Innenstadt gehört selbstverständlich auch eine historische Kirche, die Sie in der Stiftstraße 12 finden können. Wann die Kirche letztlich erbaut wurde, ist nicht bekannt, doch geht die Gründung auf das Jahr 1175 zurück. Es wurden allerdings Belege gefunden, dass die Kirche auch schon älter sein soll.

Die zwei unterschiedlichen Türme der Stiftskirche sind ein Wahrzeichen der Stuttgarter Innenstadt. Das Gebäude wird Ihnen sofort ins Auge stechen und Sie können sich durch die Kirche führen lassen. Die Besichtigung ist kostenfrei, die Kirche bittet Sie nur um eine kleine freiwillige Spende für die Kirchengemeinde.

Gerne können Sie sich hierzu auch auf der Internetseite der Kirche informieren, die sehr ausführlich und übersichtlich gestaltet ist. Aber auch von außen macht die Kirche einiges her und Sie können hier ein weiteres besonderes Bauwerk Stuttgarter Historie betrachten.

Die Stuttgarter Seilbahn, Haltestelle „Südheimer Platz" Stuttgart-Heslach

Ein weiteres echtes Highlight von Stuttgart ist die Seilbahn, die Sie vom hektischen Treiben der Stuttgarter Innenstadt in das idyllische Umland von Stuttgart entführt. Sie verläuft von der Haltestelle „Südheimer Platz" im Stadtteil Heslach hinauf zum Waldfriedhof Stuttgart im Stadtteil Degerloch.

Die Bahn wurde ursprünglich für die bessere Anbindung zwischen Innenstadt und Friedhof gebaut. Heutzutage ist Sie ein besonderes Ausflugsziel für Touristen und andere interessierte Reisende, aber auch Einheimische nutzen die Bahn für Pendlerfahrten.

Die beiden Bahnwagen sind bis heute noch größtenteils im Originalzustand und fahren regelmäßig die Strecke auf und ab. Entspannen Sie sich eine Weile auf dieser Fahrt und entkommen Sie der Stuttgarter Innenstadt auf diese Weise auf der Strecke zum Waldfriedhof. Bedient wird die Seilbahn heute von der Stuttgarter Straßenbahn AG und ist dementsprechend kostengünstig. Im Volksmund wird Sie auch ironisch „Erbschleicher-Express" genannt.

Fernsehturm Stuttgart
(Jahnstrasse 120, 70597 Stuttgart-Degerloch)
Angekommen in Stuttgart-Degerloch können Sie gleich den ersten Fernsehturm der Welt besuchen: Den Stuttgarter Fernsehturm. Der Turm ist rund 217 Meter hoch und hat eine spektakuläre Aussichtsplattform auf ca. 150 Metern Höhe.

Es werden Führungen angeboten, die immer am ersten und dritten Montag des Monats stattfinden. Hier wird Ihnen die Geschichte des Turmes erzählt, sowie der Ausblick auf die Umgebung und die Besonderheiten rund um den Fernsehturm nähergebracht.

Wenn Sie einfach nur die Aussicht genießen möchten, kommen Erwachsene für 7 Euro und

Kinder und Jugendliche von 6 bis 15 Jahren für 5 Euro auf die Aussichtsplattform. Kinder unter 6 Jahren haben freien Eintritt.

Integriert ist im Fernsehturm ein kleines Restaurant mit dazugehörigem Café, damit Sie auch die Aussicht gestärkt von einer kleinen Mahlzeit betrachten können. Allerdings rate ich Ihnen, sich zuvor die Preise anzuschauen, weil es auch etwas teurer werden kann, wenn man nicht aufpasst.

Auf der Aussichtsplattform tummeln sich Einheimische, genauso wie Touristen und betrachten den Ausblick in den Stuttgarter Kessel. Durch die hohe Lage können Sie bis weit in die Umgebung hineinschauen, bis herauf zur Schwäbischen Alb.

Das sollten Sie sich keinesfalls entgehen lassen, wenn Sie in Stuttgart sind. Denn hier können Sie auch selbst Ausflugsziele finden, von denen Sie begeistert sein werden. Ein Geheimtipp ist auch der Besuch des Turmes zu Silvester, um einen spektakulären Jahreswechsel über den Dächern von Stuttgart zu erleben.

Weinbaugebiet in Stuttgart-Degerloch

Eine etwas andere Sehenswürdigkeit sind die Weinberge in und um Stuttgart. Dazu zählt auch das Weinbaugebiet Scharrenberg Degerloch. Hier haben einige Einheimische den Weinanbau als Nebenerwerb bzw. als Hobby für sich entdeckt.

Der Trollinger Wein, nicht nur in und um Stuttgart bekannt, wird hier von zahlreichen Bürgern angebaut. Schauen Sie sich gerne in der Gegend um und Sie werden viele Weinberge finden, die das Panorama in Stuttgart-Degerloch nachhaltig prägen. Durch die Lage der Weinberge, teilweise direkt neben bekannten Verkehrsstraßen in Stuttgart, werden Ihnen diese direkt ins Auge fallen, wenn Sie sich in der Gegend rund um Degerloch aufhalten.

Neckarpark Stuttgart-Bad Cannstatt

Wenn Sie kulturelle Veranstaltungen, wie Konzerte und Sportveranstaltungen, in Stuttgart besuchen möchten, sollten Sie einen Besuch des Neckarparks im Stadtteil Bad Cannstatt auf Ihrer Reise einplanen. Hier finden regelmäßig verschiedene interessante Veranstaltungen statt, die mit den bekanntesten Stars besetzt sind. Die beiden Hallen sind der Mittelpunkt für diese Veranstaltungen und erfreuen sich großer Beliebtheit. Ob Sportveranstaltung oder Konzert, hier können Sie viele interessante Events besuchen und unvergessliche Erinnerungen erleben

Die **Porsche-Arena** Stuttgart befindet sich in der Mercedesstrasse 69, wenige Gehminuten von der S-Bahn-Station Bad Cannstatt entfernt. In der bis zu 7500 Zuschauer fassenden Arena haben Sie vorzügliche Sichtverhältnisse und können die Live-Events bei großem Komfort genießen.

Ein großzügiges Foyer, sowie moderne Kassen- und Informationseinrichtungen runden das Erlebnis rund um die Porsche-Arena ab. Hier findet z. B. jährlich das internationale Tennisturnier, der Porsche Cup, statt. Aber auch Popkünstler wie Helene Fischer oder Andrea Berg beglücken das Publikum regelmäßig mit ihren Gesangskünsten. Informieren Sie sich am besten bevor Sie nach Stuttgart reisen, welche Veranstaltung Sie gerne besuchen möchten, und lassen Sie sich von der Stimmung in der Arena beeindrucken.

Das Gleiche gilt ebenso für die **Hans-Schleyer-Halle**, die etwa 200 Meter neben der Porsche-Arena beheimatet ist. Auch hier haben Sie die Möglichkeit, internationale Top-Acts zu bestaunen und einen schönen Abend in der großzügig ausgestatten Halle zu erleben. Fest installiert sind hier 8500 Sitzplätze für die Besucher, außerdem gibt es noch einen Steh-bereich, damit auch größere Veranstaltungen von bekannten Künstlern bestaunt werden können. In Baden-Württemberg ist sie die größte Mehrzweck-halle überhaupt.

Die beiden großen Arenen sind mit modernster Technik ausgestattet und werden Ihnen ein unver-gessliches Erlebnis bereiten.

Zwischen diesen beiden Arenen liegt auch noch das **Carl-Benz-Center.** Auch hier finden regelmäßig Veranstaltungen statt, die Ihnen einen Aufenthalt in Stuttgart schmackhaft machen.

Die Halle bietet Platz für etwa 2500 Besucher und hier finden mehrere verschiedene Arten von Veranstaltungen statt. Von Messen, über Workshops und exklusive Abendveranstaltungen: Das kleine, aber feine Center kann durch seine außergewöhnli-che Ausstattung überzeugen und lässt die Herzen der Besucher höherschlagen.

Wer es lieber außergewöhnlich mag, darf einen Besuch in der großen und schönen Mercedes-Benz-Arena nicht verpassen. Als Heimat für die örtliche

Fußballmannschaft VfB Stuttgart ist Sie nicht nur bei Fans des Vereins in und um Stuttgart bekannt.

Bis zu 60000 Menschen passen in das schöne Fußballstadion, das im Stuttgarter Stadtbild nicht zu übersehen ist. Rund um das Stadion gibt es viele Parkplätze und Parkhäuser, damit ein Besuch mit dem Auto eingeplant werden kann. Hier wird nicht nur Fußball geboten, da auch immer wieder besondere Konzerte stattfinden. Viele international bekannte Stars waren schon Gast im Stadion und Sie sollten sich hier ebenfalls im Vorfeld der Reise informieren, wenn Sie ein spektakuläres und außergewöhnliches Event in Stuttgart erleben möchten.

Wilhelma Stuttgart
(Wilhelma 13, 70372 Stuttgart-Bad Cannstatt)
Ein weiteres interessantes Ausflugsziel in Stuttgart ist der zoologisch-botanische Garten „Wilhelma" im Stadtteil Bad Cannstatt. Bei Jung und Alt beliebt, ist die Wilhelma mit über einer Millionen Besuchern jährlich einer der beliebtesten zoologischen Gärten in Deutschland.

Auf etwa 30 Hektar leben zurzeit ca. 11500 Tiere aus aller Welt aus über 1200 verschiedenen Tierarten. Damit ist er in Deutschland, nach dem

Berliner Zoo, der zweit artenreichste Zoo in Deutschland. Im botanischen Garten der Wilhelma befinden sich etwa 6000 verschiedene Pflanzenarten aus allen Klimazonen der Welt. Hiermit bietet die Wilhelma für Tier- und Pflanzenliebhaber gleichzeitig eine außergewöhnliche Vielfalt für jede Altersklasse.

Vor einem Besuch sollten Sie sich unbedingt über die Öffnungszeiten informieren, da es von Monat zu Monat Abweichungen geben kann.

Die Wilhelma ist eingebettet in eine alte, historische Schlossanlage, welche sie zusätzlich zu einem einzigartigen Ausflugsziel macht. Erwachsene zahlen 16 Euro Eintritt, Kinder und Jugendliche zahlen nur 8 Euro. Außerdem werden in den Abendstunden und in den Wintermonaten von November bis Februar günstigere Eintrittspreise angeboten.

Ein Besuch in der Wilhelma ist auf jeden Fall etwas ganz Besonderes und das sollten Sie sich bei einem Städtetrip in die schöne Stuttgarter Metropole nicht entgehen lassen. Sie werden es sicherlich nicht bereuen, sich einen schönen Tag dort zu machen und sich die vielen besonderen Lebewesen anzuschauen.

Kurpark
(Königsplatz 1, 70372 Stuttgart-Bad Cannstatt)
Im schönen Stuttgarter Stadtteil Bad Cannstatt befindet sich auch der Kurpark. Das ist ein 15 Hektar großer Park, der vor allem bei sonnigem Wetter viele Touristen und Besucher anlockt. Dieser Erholungspark bietet sich dazu an, sich in der freien Natur einige wunderschöne, ruhigere Stunden im Trubel der Stuttgarter Großstadt zu machen. Inmitten des Parks befindet sich der Kursaal, ein Gebäude, das zwischen 1825 und 1841 erbaut wurde und zunächst als Badeanstalt für Könige und Königinnen diente.

Nach umfangreicher Sanierung ist er heute ein Veranstaltungsort für verschiedene Events. Der Kursaal verbindet die Historie mit der Moderne und ist einzigartig in seiner Beschaffenheit.

Wenn Sie im Kursaal speisen möchten, so können Sie sich gerne einen Tisch dort reservieren, aber auch für andere Veranstaltungen ist diese Sehenswürdigkeit buchbar.

Ob im Biergarten, dem Café oder einem Restaurant: Hier können Sie einige schöne Stunden in der Umgebung eines einmaligen Parks erleben. Falls Sie lieber die Gegend erkunden möchten, so sind auf diesem großen Gelände schöne Wanderwege, Denkmäler, sowie auch ruhige Liegewiesen und Spielplätze für Kinder vorhanden.

Ein Besuch lohnt sich allemal, da Sie genügend Möglichkeiten haben, hier einen schönen Tag zu verbringen. Es ist schwierig, zu beschreiben, wie einmalig dieser schöne Park ist und Sie sollten sich hierfür genug Zeit nehmen, um auch mal im Urlaub abzuschalten und neue Kraft zu tanken.

Cannstatter Wasen, Festgelände in Bad Cannstatt
Der Cannstatter Wasen ist ein Festgelände in Stuttgart, auf welchem jährlich zwei verschiedene Feste stattfinden, vergleichbar mit dem Oktoberfest in München. Diese zwei Volksfeste sind überregional bekannt und bieten nicht nur Festzeltatmosphäre: Zahlreiche Schausteller und Gastronomen kommen jährlich auf das Gelände, um für jedermann ein Erlebnis der besonderen Art zu veranstalten.

Das sind die zwei bekannten Volksfeste in Stuttgart:

Stuttgarter Frühlingsfest: April bis Mai

Cannstatter Volksfest: September bis Oktober

Wenn Sie einen Besuch in Stuttgart und Umgebung planen, können Sie sich gerne vorab informieren, wann diese genau stattfinden, da sie jährlich an verschiedenen Zeitpunkten stattfinden.

Bei der Stuttgarter Bevölkerung werden beide Feste einfach mit dem Begriff „Wasen" verbunden. Wenn Sie in Stuttgart sind und einen Einheimischen fragen, wo es zum Wasen geht, werden Sie mit Sicherheit eine richtige Wegbeschreibung bekommen. Das Festgelände ist in der Nähe der Mercedes-Benz-Arena und dem Mercedes-Benz-Museum. Auch die Wilhelma ist nicht allzu weit vom Cannstatter Wasen entfernt.

Die Volksfeste überzeugen vor allem durch die vielen Fahrgeschäfte auf dem Festgelände, vom Riesenrad über Boxautos und Karussells. Zudem gibt es viele Stände mit z. B. Zuckerwatte oder gebrannten

Mandeln, um auch während der Tour über den Wasen mit kleinen Snacks versorgt zu sein.

Es wird kein Eintritt verlangt, wenn Sie jedoch in eines der vielen verschiedenen Bierzelte möchten, ist es nötig, vorher zu reservieren und dort Verzehrgutscheine und Ähnliches vorzubestellen.

Die Atmosphäre in den Bierzelten ist außergewöhnlich. Einige Zelte werden auch mit verschiedenster Live-Musik begleitet. Größtenteils läuft in den Zelten deutsche Schlagermusik oder aktuelle Musik aus den Charts. Es versammeln sich oftmals größere Menschengruppen in den Zelten, die sich einen schönen Tag mit gemeinsamen Freunden machen möchten. Aber auch kleinere Gruppen werden in den Zelten Spaß haben und gutes Essen gibt es dort ebenfalls. Vom regionalen Leckerbissen bis zu internationalen Schlemmereien: Hier bekommt jeder etwas für seinen Geschmack. Wenn Sie gern eines der regionalen Biere oder einen der Weine genießen möchten, so kommen Sie hier ebenfalls auf Ihre Kosten.

Unbedingt vor einem Besuch des Wasens zu beachten ist, dass der Ausflug schnell sehr teuer werden kann. Die Preise sind wie auf anderen

Volksfesten relativ hoch und Sie sollten sich vorher ein Limit setzen, um nicht zu viel Geld auszugeben.

Trotzdem ist ein Besuch auf einem der Feste eine gute Gelegenheit, um mit den Stuttgarter Bürgern in Kontakt zu kommen und um viele schöne Erinnerungen zu sammeln. Gerne können Sie sich auch weiter dazu auf der Internetseite wasen.de informieren. Hier wurden alle Informationen sehr übersichtlich zusammengetragen und Sie können auch schnell herausfinden, wann das nächste Volksfest stattfindet. Das ist ein Erlebnis, das Sie auf keinen Fall verpassen sollten, wenn Sie im schönen Stuttgart einen aufregenden Aufenthalt in dieser Zeit haben möchten.

Schloss Solitude
(Solitude 1, 70499 Stuttgart-Weilimdorf)

Im Stadtteil Weilimdorf finden Sie ein weiteres historisches Gebäude, welches einen Ausflug wert ist. Das Schloss Solitude. Das Lustschloss aus der Zeit zwischen 1764 und 1775 wurde von Herzog Carl Eugen erbaut und liegt auf einer kleinen Anhöhe außerhalb von Stuttgart.

Hier können Sie einen sehr schönen Ausblick genießen. Das Schloss ist mit historischen Möbeln aus dieser Zeit ausgestattet und entführt Sie in eine ältere Epoche der Menschheit. Hier können Sie betrachten, wie die Herzöge und Könige in dieser Epoche gelebt haben.Es werden vereinzelt Besichtigungen der Schlosskoppel angeboten, von wo aus Sie einen wunderschönen Blick auf die Schlossanlage und die nähere Umgebung haben. Allgemeine Führungen können Sie regelmäßig im Rahmen der Öffnungszeiten bekommen. Diese können Sie online oder vor Ort buchen, um sich das wunderschöne Gebäude von innen anzusehen.

Neben Schloss Solitude ist auch der dazugehörige Friedhof Solitude. Hier haben viele Soldaten ihre letzte Ruhestätte gefunden sowie auch einige bekannte Stuttgarter Persönlichkeiten. Z. B. sind hier die Gräber der ehemaligen Bundespräsidentenfamilie von Weizsäcker.Allgemein ist ein Besuch im Stuttgarter Stadtteil Weilimdorf sehr empfehlenswert. Hier gibt es noch weitere interessante Grünflächen und historische Gebäude aus derselben Zeitspanne. Sollten Sie einen Besuch des Schlosses planen, so können Sie das auch weiter verbinden und die schöne Umgebung rund um das Schloss erkunden.

Die schwäbische Küche

D amit Sie bei einem Städtetrip nicht nur die schwäbische Lebensart kennenlernen, sondern auch die besondere schwäbische Küche zu schätzen lernen, möchte ich Ihnen nun fünf Restaurants empfehlen. Dazu werde ich Ihnen jeweils fünf Gerichte vorstellen, damit Sie genau wissen, welche Spezialitäten Sie unbedingt probieren sollten. Damit werden Sie einen guten Überblick darüber bekommen, warum der Schwabe sein Essen so liebt. In und um Stuttgart gibt es zahlreiche schwäbische Restaurants, deshalb bekommen Sie hier von mir nur einen kleinen Überblick über fünf interessante und schmackhafte Speiselokale.

Der Schwabe weiß, wie man das Leben genießt und das spiegelt sich auch beim Essen wider. Stolz ist der Schwabe auf die traditionelle schwäbische Küche, aber auch internationale Leckerbissen landen oftmals auf dem Teller. Doch Sie sollten es sich nicht entgehen lassen, bei einem kühlen schwäbischen Bier, oder einem leckeren Wein aus der Gegend, einige verschiedene Spezialitäten zu verköstigen.

Stuttgart Stäffele (Buschlestrasse 2A, 70178 Stuttgart)

Viele gute Restaurants finden Sie in der Stuttgarter Innenstadt, sowie unmittelbar in der Nähe davon. Dazu zählt auch das Restaurant Stuttgart Stäffele im Stadtteil Feuersee. Seit 40 Jahren in Stuttgart für die feine schwäbische Küche bekannt, überzeugt es durch sein schwäbisch - traditionelles Ambiente und dem integrierten Korkenziehermuseum, sowie dem Raritätenkabinett.

Hier können Sie aus einer reichhaltigen Karte einzigartige Leckerbissen zu einem „Viertele", wie der Schwabe ein kleines Glas Wein nennt, genießen. Kein Wunsch wird offenbleiben und Sie können erleben, wie sich schwäbische Gastfreundschaft anfühlt. Mit einem großzügigen Gästeraum stellt das Restaurant sicher, dass auch genügend Plätze für alle hungrigen Gäste zu Verfügung stehen. Trotzdem sollten Sie sich eventuell davor einen Tisch reservieren, damit Sie auch auf jeden Fall einen Platz bekommen.

Eine dieser besonderen, schwäbischen Mahlzeiten sind die bei jedem Schwaben bekannten **Maultaschen**. Die Maultaschen sind gefüllte Taschen aus Nudelteig mit einer Grundfüllung aus Brät, Zwiebeln und eingeweichten Brötchen, aber es gibt Sie auch mit einer vegetarischen Füllung aus Käse und Spinat. Es gibt verschiedene Gerichte, die mit der Hauptzutat Maultaschen bestückt sind.

Hier empfehle ich vor allem die Maultaschensuppe sowie die gerösteten Maultaschen mit Ei. Es gibt verschiedene Geschichten zur Entstehung der Maultasche, aber die wohl bekannteste ist, dass die Teigtasche in der Fastenzeit entstanden ist, um das Fleisch vor dem lieben Herrgott zu verstecken. Deswegen trägt es auch im Volksmund den ironischen

Namen „Herrgottsbscheißerle". Es ist Tradition in schwäbischen Familien, die Maultaschen am Gründonnerstag und am Karfreitag zu essen, um damit den Gott nicht zu verärgern.

Marktstüble in der Stuttgarter Markthalle (Dorotheenstrasse 4, 70173 Stuttgart)

Direkt in der Stuttgarter Innenstadt finden Sie das **Marktstüble** in der Stuttgarter Markthalle. Hier können Sie es sich gemütlich machen in der Nähe des Trubels des Stuttgarter Marktes und die ein oder anderen kulinarischen Köstlichkeiten verschlingen. Im Biergarten können Sie bei gutem Wetter auch draußen einen schönen Sonnentag genießen, Mit 110 Sitzplätzen bietet das Restaurant viel Platz für seine Gäste. Auch ist es möglich, dem Koch bei der Zubereitung der Speisen über die Schulter zu schauen.

Eine gute, deftige, schwäbische Mahlzeit ist der **Zwiebelrostbraten mit Bratkartoffeln** oder auch mit den traditionellen Spätzle. Zubereitet wird der Rostbraten mit Roastbeef, gewürzt mit Salz und Pfeffer und eventuell auch mit Senf und Knoblauch eingerieben. Für den Rostbraten gibt es verschiedene Zubereitungsmöglichkeiten, deshalb ist es schwierig, eine genaue Beschreibung der Zubereitung zu erstellen. Was aber zu jedem guten Rostbraten dazugehört, sind geröstete Zwiebeln, die oftmals mit dem Fleisch zusammen in der Pfanne angebraten werden und so das Aroma des Fleisches verfeinern.

In einem guten schwäbischen Restaurant, wie es das Marktstüble ist, gibt es als Beilage im Normalfall Spätzle, die bei so gut wie keiner traditionellen schwäbischen Mahlzeit fehlen. Dazu empfiehlt es sich, ein gutes Glas Wein zu trinken, was den Geschmack noch zusätzlich abrundet.

Speisemeisterei
(Schloss Hohenheim, 70599 Stuttgart)

Im Stuttgarter Stadtteil Hohenheim befindet sich die Speisemeisterei. Das Restaurant befindet sich in einem alten Schloss, das in den Jahren von 1772 bis 1793 vom württembergischen Herzog Carl Eugen für seine spätere Frau Franziska Leutrum von Ertingen gebaut wurde. Allein das Schloss bietet schon einen atemberaubenden Anblick und Sie können sich sicher vorstellen, dass eine gute Speise im Schloss sich wahrhaft königlich anfühlt.

In der Speisemeisterei ist der bekannte TV-Koch Frank Oehler zugegen, der bereits unzählige Auszeichnungen für seine Kochkunst erhalten hat. So haben Sie hier die Gelegenheit, sich von einem der besten Köche Deutschlands bekochen zu lassen. Hier gibt es vor allem exklusive Gerichte, die nicht unbedingt etwas mit der schwäbischen Küche zu tun haben. Außerdem ist es relativ teuer, was an der Lage des Restaurants und der außergewöhnlichen Köche liegt. So bekommen Sie hier Gängemenüs, die vor allem durch Vielseitigkeit überzeugen.

Aber es ist auch möglich, sich bestimmte Gerichte aus den Menüs auszusuchen, um nicht ein teures Mehrgängemenü bestellen zu müssen. Zu besonderen Anlässen können Sie sich mit dem Restaurant in Verbindung setzen und die Köche bereiten Ihnen die gewünschten Mahlzeiten nach Ihren Wünschen zu. Seit neuestem hat das Restaurant auch ein kleines Bistro eingerichtet, indem Sie ganz klassische Küche von regionalen Speisen, bin hin zu internationalen Leckerbissen wie Gulasch oder Wiener Schnitzel verköstigen können.

Ein gutes schwäbisches Essen, das nicht auf der Speisekarte dieses Restaurants steht, aber ein sehr spezielles Gericht ist und ich Ihnen deshalb passend zu diesem Gasthaus nicht vorenthalten möchte, ist der **Gaisburger Marsch.** Der Name an sich ist schon speziell, aber auch die Zutaten dieses Eintopfgerichts finden sich nicht in vielen Mahlzeiten und sind deshalb besonders und außergewöhnlich. Für dieses Gericht gibt es auch mehrere Bezeichnungen. In der Umgangssprache wird es auch Verheierte, Kartoffelschnitz mit Spätzle oder Böckinger Feldgschrei genannt.

Zur Zubereitung benötigt man eine deftige Rinderbrühe, Suppengrün, Ochsenfleisch, Kartoffeln und Spätzle. Nach der Zubereitung der Brühe mit dem Fleisch werden die gekochten Kartoffeln in kleinen Spalten und die Spätzle auf einem Teller serviert und die Brühe darüber gegossen. Oftmals wird das Gericht auch mit Zwiebeln und Petersilie verfeinert. So entsteht ein ganz besonderes Geschmackserlebnis, dass sich nur schwer mit anderen Gerichten vergleichen lässt. Auf der Speisekarte eines richtigen schwäbischen Restaurants darf dieses Gericht auf keinen Fall fehlen und es erfreut sich in der Bevölkerung großer Beliebtheit.

Weinstube Viertelesschlotzer
(Forststrasse 57, 70176 Stuttgart)

Ein weiteres, regional bekanntes Speiselokal ist die **Weinstube Viertelesschlotzer,** etwas außerhalb gelegen von Stuttgart-Mitte. Dieses kleine, aber feine schwäbische Restaurant ist so besonders, weil es darauf Wert legt, zwischen schwäbischer Küche und württembergischer Küche zu unterscheiden. Hier werden Sie nicht nur mit kulinarischen Leckerbissen versorgt, sondern wie der Name es schon sagt, können Sie hier auch viele regionale Weine probieren und lieben lernen. Auf der Speisekarte gibt es für Touristen einiges zu entdecken und Sie werden dabei merken, dass es besonders auf regionale Zutaten und Leckereien setzt. Die Getränkekarte ist ebenfalls einmalig und Sie kommen in den Genuss, die schwäbische Lebensfreude und Selbstironie zu erleben.

Dazu möchte ich Ihnen nun eine ganz besondere, klassische schwäbische Mahlzeit näherbringen, die gleichzeitig durch ihre Einfachheit, sowie besondere Zusammensetzung zu überzeugen weiß: **Die Kässpätzle**, oder zu hochdeutsch Käsespätzle. Für dieses außergewöhnliche Gericht benötigen Sie Spätzle, Emmentaler-Käse und Röstzwiebeln. Es gibt verschiedene Zubereitungsarten, so wird es oft auch mit anderen Käsesorten gekocht und auch mit Speck verfeinert. Die Spätzle und der Käse werden zusammen im Kochtopf übereinandergeschichtet und erwärmt. Danach werden sie in einer Auflaufform im Backofen gebacken. Für diese einfache Zubereitung erhalten Sie danach eine vollwertige Mahlzeit, die in keiner schwäbischen Küche fehlen darf. Außerdem ist es im Vergleich zu anderen aufwendigen Mahlzeiten sehr günstig und gleichzeitig schmackhaft.

Brauereigaststätte Dinkelacker (Tübinger Strasse 76, 70178 Stuttgart)

Die Metropolregion Stuttgart ist nicht nur für die schwäbische Küche bekannt, sondern auch für gute Biere und Weine. In der Brauereigaststätte Dinkelacker werden diese zwei Seiten des schwäbischen Brauchtums exzellent miteinander verbunden. Frisches Bier vom Fass, sowie gut gelagerte kühle Bügelbiere, werden Sie hier kosten können. Im dazugehörigen Biergarten können Sie das bunte Treiben in der Stuttgarter Innenstadt genießen und sich gleichzeitig eine gute, vollmundige Speise einverleiben.

Hier werden Sie nicht nur regionale Speisen finden, auch gute internationale Küche ist in der Brauereigaststätte vorhanden. Viele Gerichte werden auch mithilfe von Bier verfeinert, damit Sie in einen ganz besonderen Genuss kommen werden. Mit Stolz werden die regionalen Bierleckereien auf dazugehörigen Speise- und Getränkekarten präsentiert, um es Ihnen schmackhaft zu machen. Lassen Sie hier die Seele baumeln, um sich einen entspannten Tag in der Stuttgarter Metropole zu machen.

Auf der Speisekarte werden Sie auch ein weiteres, außergewöhnliches Gericht entdecken können, das im schwäbischen Raum sehr beliebt ist: **Linsen mit Spätzle und Saitenwürstchen.** Die Kombination aus diesen drei Zutaten macht diese Mahlzeit zu einem speziellen Gaumenschmaus und wenn Sie es noch nicht kennen, sollten Sie es sich bei einem Städtetrip in die schöne Stuttgarter City schmecken lassen. Die Zubereitung ist relativ einfach für unerfahrene Köche, doch auch hier gibt es verschiedene Zubereitungsarten, die meistens von Generation zu Generation weitergegeben werden.

Oft wird die Mahlzeit noch mit Speckwürfeln und Kräutern verfeinert. Und Schwaben streiten sich darüber, ob die Saitenwürstchen kleingeschnitten oder als Ganzes in den Kochtopf hineingehören. Doch vom Geschmack ergibt das keinen Unterschied.

Lassen Sie es sich schmecken mit einem kühlen Bier und der schwäbische Hochgenuss ist perfekt.

Sonnige Stunden in Stuttgart

D as Leben in der baden-württembergischen Hauptstadt ist sehr hektisch und aufregend. Es ist eine der Städte mit dem größten Verkehrsaufkommen, sowie vor allem als Industriestandort bekannt. Doch in Stuttgart gibt es auch Plätze, an denen Sie sich gut erholen können und die sonnigen Stunden, die es in den Frühlings- und Sommertagen häufig gibt, auskosten können.

Hierzu habe ich im Folgenden eine Übersicht erstellt, über die besten Orte, an denen Sie einfach mal die Seele baumeln lassen können und neue Kraft für zukünftige Herausforderungen tanken können.

Schlosspark (Schlossplatz, 70173 Stuttgart)

Direkt im Zentrum gelegen und neben der hoch frequentierten Einkaufsmeile Königstrasse ist der Schlossplatz des neuen Schlosses. Hier treffen sich alle Altersklassen von Jung bis Alt, um sich zu entspannen und dem Alltag zu entfliehen.

Mit seinen großen Grünflächen und von der eleganten Atmosphäre eines Schlosses umgeben, ist er der perfekte Ort, um nach einem anstrengenden Tag Erholung zu finden. Aber auch während der Mittagsstunden, während eines anstrengenden Einkaufstages, lässt es sich in der Stadtmitte im Grün gut aushalten. Die Grünflächen werden oft als Strandersatz benutzt und man kann sich darauf ausruhen und die schöne Umgebung genießen. Von der Stadt Stuttgart wurden viele Bänke aufgestellt, um den Besuchern einen schönen Ausblick von dort aus zu ermöglichen.

Der schöne, historische Brunnen auf dem Schlossplatz ist ein ganz besonderes Highlight. Im Dunkeln wird er beleuchtet und strahlt wunderschön in der Mitte des Platzes. Sie können den

Schlossplatz jederzeit besuchen, da es keine Öffnungszeiten oder Barrieren gibt. Lassen Sie es sich dort gut gehen und ein sonniger Sommertag wird zu einem wahren Genuss in der Stuttgarter City.

Schlossgärten
Die Schlossgärten befinden sich direkt hinter dem Schlossplatz. Auf über 60 Hektar Fläche ist die Schlossgartenanlage in drei verschiedene Bereiche gegliedert:

- Oberer Schlossgarten mit Schlossplatz und Akademiegarten
- Mittlerer Schlossgarten
- Unterer Schlossgarten

Ob sportliche Betätigungen, wie z.B. Joggen und Nordic Walking, oder einfach entspannen in einem der zahlreichen gastronomischen Betriebe: Die Schlossgärten sind für allerlei verschiedene Aktivitäten geeignet und vor allem an Wochenende gut besucht. Tanken Sie Sonne und verbringen Sie hier einige schöne Stunden abseits der Stuttgarter Innenstadt.

Der Obere und Mittlere Schlossgarten, sowie die Platanenallee im Unteren Schlossgarten, stehen unter Denkmalschutz. Im Oberen Schlossgarten befindet sich das Stuttgarter Staatstheater mit dem kleinen und großen Haus, sowie dem Landtag von Baden-Württemberg. Im unteren Schlossgarten befinden sich auch zwei Mineralbäder: Leuze und Berg.

Vor allem beim Sommerfest in Stuttgart, das jährlich im oberen Schlossgarten stattfindet, werden Sie dort einen spektakulären Aufenthalt erleben. Aber auch so werden Sie sich hier, umgeben von außergewöhnlichen Bauten, wohlfühlen.

Sie können hier, direkt anliegend an der hektischen Innenstadt, Erholung finden und es sich bequem machen auf einer der Parkbänke. Oder auch einfach die Gegend erkunden und werden erstaunt sein, welch schöne Naturlandschaft sich hier befindet.

Von der Stadt Stuttgart sind die drei Bereiche der Schlossgartenanlage weiter bebaut worden, damit sich hier für jeden Besucher etwas finden lässt. Auch Kinder und Jugendliche werden hier glücklich in der außergewöhnlichen Landschaft im schönen Stuttgart.

**Stadtstrand Bad Cannstatt (Schönestraße
gegenüber der Wilhelma, 70372 Stuttgart)**

Im schönen und außergewöhnlichen Stadtteil Bad Cannstatt, gibt es den öffentlichen Stadtstrand mit mehreren Möglichkeiten, sich die Zeit zu vertreiben. Sie erreichen den Stadtstrand ganz gemütlich mit der S-Bahn über die Haltestelle Wilhelma oder die Haltestelle Wilhelmsplatz.

Geöffnet ist der Stadtstrand bei schönem Wetter werktags von 12 bis 23 Uhr, sowie am Wochenende bis 24 Uhr. Hier am Stadtstrand werden Sie ein einmaliges Erlebnis haben, mit dem Gefühl, im Urlaub am Strand zu sein. Mit Sand unter den Füßen auf einem der Liegestühle relaxen, oder sich ein Eis an einem der Stände gönnen: Hier tanken Sie die nötige Ruhe, um dem Alltag zu entfliehen.

Eine weitere wichtige Eigenschaft des Strandes, ist der freie Blick auf den Neckar. Schauen Sie sich den Fluss an, der Stuttgart und das Umland verbindet, und genießen Sie die Stunden, die Sie in dieser schönen Stadt verbringen.

Zudem gibt es auch die Möglichkeit, sportlichen Betätigungen nachzugehen. Es wurde ein beleuchteter Beachvolleyball-Platz errichtet, der Sie bis in die Abendstunden hinein vergnügen wird. Die Bälle zum

Spielen können Sie hier sogar ausleihen.

Abends können Sie den Sonnenuntergang betrachten und sich Gedanken machen über das Leben, oder wie der nächste schöne Sonnentag in Stuttgart aussehen soll. Es ist wahrhaftig ein Highlight, dass Sie an sonnigen Tagen nicht verpassen sollten. Der Eintritt ist kostenfrei und Sie werden es nicht bereuen, sich dieses Spektakel der schwäbischen Metropole angesehen zu haben.

Skybeach (Königsstrasse 6, 70173 Stuttgart)

Wie es der Name schon so schön sagt, ist der Skybeach ein Stranderlebnis der außergewöhnlichen Art, über den Dächern der Stuttgarter Einkaufsmeile. Es befindet sich auf dem Dach des Gebäudes der Galeria Kaufhof, direkt in Stuttgart-Mitte.

Geöffnet ist der Skybeach immer in den sonnigen Monaten bei gutem Wetter und kann auch für besondere Anlässe gemietet werden. Hier gibt es auch ein Restaurant, in dem Sie entspannt speisen können, und mit kühlen Getränken bedient werden. Entspannung ist auch gegeben, wenn Sie in einer der Relaxliegen der Musik lauschen und dabei den blauen Stuttgarter Himmel betrachten.

Geöffnet ist der Skybeach täglich ab 12 Uhr. Der

Eintritt ist kostenfrei und Jugendliche haben ab den Abendstunden keinen Zutritt mehr. Es finden allerdings auch immer wieder besondere Veranstaltungen statt, wofür Sie einen Eintritt bezahlen müssen. Dazu informieren Sie sich gerne auf der Internetseite des Skybeach Stuttgart.

Der Wohlfühlfaktor soll im Mittelpunkt stehen und deshalb ist der Skybeach auch bei schlechtem Wetter geschlossen. Sollte es allerdings nur leicht regnen, kann der Skybeach unter einem der Sonnenschirme ebenfalls genutzt werden. Für jeden Touristen ist es absolut zu empfehlen, es sich einmal über den Dächern der Großstadt gemütlich zu machen.

Karlshöhe Stuttgart (Karlshöhe, 70178 Stuttgart)
Die Karlshöhe in Stuttgart bietet einen wunderbaren Ausblick auf die Innenstadt und ist vor allem an sonnigen Tagen zu einem Magnet für jede Altersgruppe geworden. Auf der Karlshöhe, umgeben von Weinbergen, Gärten und öffentlichen Grünanlagen, bietet es sich an, einige schöne Stunden außerhalb der Innenstadt zu verbringen.

Erreichbar ist die Karlshöhe mit der S-Bahn (Haltestelle Feuersee), U-Bahn (Haltestelle Wilhelmstraße) oder mit der Buslinie 41 (Mörikestraße).

Hoch gelegen über den Dächern der Stadt, genießen Sie einen atemberaubenden Ausblick und Sie haben die Möglichkeit, unvergessliche Schnappschüsse von Stuttgart zu schießen. Im anliegenden Biergarten Tschechen & Söhne können Sie es sich gemütlich machen und bei einem kühlen schwäbischen Bier die Aussicht genießen. Der Biergarten ist täglich von 11 bis 24 Uhr geöffnet.

Am Palast der Republik
(Friedrichstraße 27, 70174 Stuttgart)
Der Palast der Republik in der Stuttgarter Innenstadt ist ein weiteres Highlight für Besucher der Stadt. Hier hat sich eine Bar niedergelassen, in der sich viele verschiedene Bewohner und Touristen gerne versammeln, um die sonnigen Stunden in Stuttgart zu erleben.

Die Bar ist bis tief in die Nacht geöffnet und so können Sie hier auch abends gemütliche Stunden in den Tiefen der Stuttgarter Innenstadt verbringen. Schlürfen Sie Cocktails oder verbringen Sie einfach die lauen Sommertage in der Stuttgarter City mit Ihren Liebsten und Sie werden begeistert sein, wie vielseitig das Stuttgarter Nachtleben sein kann.

Unter der Woche bereits ab 11 Uhr geöffnet, ist es auch möglich, hier während eines stressigen Einkaufstags in der City eine kurze Erholung zu suchen. Freuen Sie sich darauf, einige schöne Momente zu erleben, die Ihnen im Gedächtnis bleiben werden.

Für den kleinen Geldbeutel

Da der Aufenthalt in einer Großstadt wie Stuttgart teuer werden kann, gebe ich Ihnen nun einige Tipps, damit Sie im Urlaub Ihr Budget nicht überziehen müssen und dabei trotzdem einen sehr angenehmen Aufenthalt haben werden.

BUS- ODER BAHNREISE NACH STUTTGART

Meine beste Empfehlung für einen preiswerten und zugleich entspannten Urlaub in Stuttgart, ist die Anreise ohne Auto. Es gibt mittlerweile verschiedene Möglichkeiten einen Städtetrip nach Stuttgart zu unternehmen und dabei auf das Auto zu verzichten.

Kommen Sie mit dem Bus oder der Bahn nach Stuttgart, so haben Sie den Vorteil, sich relativ stressfrei zu bewegen, durch das gute Nahverkehrsnetz in und um Stuttgart.

Diese Reisen sind im Vergleich zum Besuch mit dem Auto sehr kostengünstig, wobei Sie trotzdem eine angenehme An- und Abreise haben können. So gibt es auch immer wieder Sonderaktionen der Deutschen Bahn oder verschiedenster Busunternehmen, bei denen Sie ordentlich sparen können und die Urlaubskasse von vornherein entlasten.

ÖFFENTLICHE VERKEHRSMITTEL BENUTZEN ANSTATT DES AUTOS

In Stuttgart ist es sehr gut möglich, sich innerhalb und außerhalb der Stadt mit den öffentlichen Verkehrsmitteln zu angemessenen Preisen zu bewegen.

Die Preise für das Nahverkehrsangebot sind günstig: So bekommen Sie ein Tagesticket für den Verkehr innerhalb Stuttgarts schon ab 5 Euro. Das Stuttgarter Nahverkehrsnetz ist in Zonen eingeteilt und so können Sie ein Ticket für eine oder mehrere Zonen kaufen, die dann einen ganzen Tag gültig sind. Damit können Sie sich dann mit der S-Bahn, der U-Bahn und den Buslinien fortbewegen, ohne viel Geld auszugeben.

Wenn Sie einen Aufenthalt über eine Woche planen, kaufen Sie sich am besten ein Wochenticket, welches ab 22,70 Euro startet. Auf jeden Fall zu empfehlen ist der Kauf online, da Sie hier noch etwas sparen können.

Wenn Sie längere Ausflüge zu Zielen außerhalb von Stuttgart planen, um das Bundesland Baden-Württemberg zu erkunden, haben Sie die Möglichkeit, das Baden-Württemberg-Ticket der Deutschen Bahn zu kaufen. Mit diesem Tagesticket können Sie ganz Baden-Württemberg bereisen, zu einem Preis von 24 Euro. Für weitere Mitfahrer wird ein Aufpreis von 6 Euro verlangt.

Es ist empfehlenswert, in Stuttgart mit den öffentlichen Verkehrsmitteln zu fahren, da die Verkehrsdichte in der Innenstadt sehr hoch ist. So können Sie viel entspannter von A nach B reisen und sparen dabei auch noch Geld.

HOTELS UND RESTAURANTS AUßERHALB DER STADT BESUCHEN

Ein guter weiterer Schritt für einen günstigen Urlaubstrip nach Stuttgart ist, dass Sie Ihr Hotelzimmer und Restaurants außerhalb der Innenstadt buchen. Das liegt vor allem daran, dass in der Stuttgarter Innenstadt einfach alles etwas teurer ist und so auch die Preise steigen und an die Kunden weitergegeben werden.

Es gibt genügend gute Hotels und Restaurants auch außerhalb der Stadt und Sie können auch dort interessante Städte und Stadtteile finden. Mit dem gut ausgebauten Nahverkehrsnetz erreichen Sie zudem die Innenstadt von Stuttgart schnell und mit wenig Stress. Am besten, Sie suchen sich ein Hotel in der Nähe von U-Bahn- und S-Bahn-Stationen, die Sie schnell in die Innenstadt von Stuttgart bringen können.

Außerdem entdecken Sie auch außerhalb der hektischen Stadt viele gute schwäbische und internationale Restaurants, da die Gegend um Stuttgart auch für Feinschmecker den ein oder anderen Geheimtipp bereithält. Am besten, Sie erkunden die Ortschaften rund um Ihr Hotel oder fragen die einheimische Bevölkerung, die sich im eigenen „Städtle" am besten auskennt.

Privatzimmer anstatt Hotelbuchung
Auf den ersten Blick hört sich es vielleicht seltsam an, aber gerade in Großstädten finden Sie oftmals Privatleute, welche möblierte Zimmer für Urlauber und Studenten vermieten. Machen Sie sich doch vor der Reise die Mühe und informieren Sie sich, ob es nicht innerhalb oder in der Nähe von Stuttgart Zimmer für eine kurze Zeitspanne zu mieten gibt.

Auch bei einem Wochenendtrip ist das sehr zu empfehlen, da viele Vermieter auch nur Wochenendpendler suchen und Sie so vielleicht ein kleines

Schnäppchen für ein Wochenende machen können. Natürlich ist es nicht garantiert, dass Sie etwas finden werden. Doch es ist die Mühe wert, da Sie sich dadurch ein paar Euro einsparen können, die Sie dann lieber in einem guten Restaurant ausgeben können.

STÄDTISCHE BÄCKEREIEN BESUCHEN ANSTATT FRÜHSTÜCKSBUFFET

In und um Stuttgart gibt es viele verschiedene Bäckereien und kleine Cafés, in denen Sie frühstücken und dabei Geld sparen können für ein teures Frühstücksbuffet.

Damit sind Sie auch flexibler unterwegs, denn Sie können sich auf der Fahrt in die Stuttgarter Innenstadt in einer Bäckerei niederlassen und frühstücken. Es gibt in der Umgebung viele verschiedene Bäckereiketten, sowie auch kleinere Bäckereien, die Sie mit Leckereien versorgen. Hier können Sie auch wiederum regionale Spezialitäten kennenlernen und vielleicht sogar lieben lernen.

STUTTGARTER UMGEBUNG ERKUNDEN

Die württembergische Landeshauptstadt ist ein besonderes Erlebnis, aber es ist zu empfehlen, auch außerhalb von Stuttgart auf Entdeckungstour zu gehen. Im Umkreis von 40-50 Kilometern finden Sie viele interessante Städte und Gemeinden, die einen Besuch wert sind und dabei im Gegensatz zu Stuttgart viel preiswerter sind.

Hierbei ist Ihrer Fantasie keine Grenze gesetzt, setzen Sie sich einfach etwas mit der Gegend auseinander und Ihnen werden schöne Plätze und Seen außerhalb Stuttgarts auffallen, die einen Besuch wert sind.

Im Umland von Stuttgart gibt es z. B. auch viele Badeseen, an denen Sie sich im Urlaub eine Abkühlung verschaffen können. Meistens ist die Benutzung der Badeseen kostenlos und es gibt auch Seen mit anliegender Gastronomie. So werden Sie bei einem Ausflug auch gut mit Getränken und Essen versorgt. Hier sind auch die Preise angemessen und Sie haben davon mehr als von einem Besuch im Freibad.

VERSCHIEDENEN SEHENSWÜRDIGKEITEN BESUCHEN UND RABATTE ERHALTEN

Da viele Sehenswürdigkeiten in und um Stuttgart miteinander verbunden sind, gibt es auch oft die Möglichkeit, an einem Tag mehrere Sehenswürdigkeiten zu besuchen und dabei Rabatte einzustreichen.

Sie können sich gerne vor einen Ausflug informieren, oder lassen Sie es sich vor Ort in einer der vielen Sehenswürdigkeiten informieren. Damit sparen Sie Geld und Sie werden erleben, wie die schwäbische Stadt ihre Gäste mit Fairness und Gastfreundschaft behandelt.

Zudem können Sie auch versuchen, bestimmte Besichtigungen oder Touren über das Internet zu buchen, um preisgünstig durch die Stadt geführt zu werden. Hierzu sollten Sie sich allerdings ebenfalls im Internet informieren, da das Angebot hier sehr unterschiedlich ist und jeder seinen eigenen kleinen Trip planen sollte.

GASTFREUNDLICHE SCHWABEN BEFRAGEN

Wenn Sie in der Region um Stuttgart Urlaub machen möchten, ist es zu empfehlen sich mit Einheimischen und Ortsansässigen auszutauschen über kleine und große Geheimtipps. Der Schwabe ist sehr gastfreundlich und wird Ihnen gerne behilflich sein, wenn Sie einen guten Rat möchten.

So finden Sie außergewöhnliche Restaurants und andere ruhige Orte zur Entspannung auch außerhalb des Trubels der Stuttgarter Großstadt.

Das Wetter in der Region um Stuttgart ist vor allem in den Sommertagen meist sonnig und es gibt zahlreiche Naherholungsgebiete rund um Stuttgart. Die Einheimischen sind oft sehr stolz auf ihre Heimat und werden Ihnen Ratschläge und Geheimtipps geben, die Sie oftmals im Internet nicht so einfach finden werden.

Es gibt viele kleine Familienbetriebe, die keine große Werbung betreiben, sondern vor allem durch Mundpropaganda leben. Hier können Sie auch ein ruhiges Zimmer außerhalb Stuttgarts buchen, oder in einem kleinen, romantischen Gasthaus speisen und einen entspannten Abend genießen.

Die schwäbische Sprache verstehen

In diesem letzten Kapitel möchte ich Ihnen nun noch die schwäbische Sprache näherbringen, die ein ganzes Buch füllen könnte. Die Sprache ist eine Besondere und unterscheidet sich in vielen Bereichen von der hochdeutschen Sprache.

In und um Stuttgart werden Sie viele ältere Leute treffen, die schwäbisch „schwätzà", das bedeutet reden. Das ist in den Menschen tief verwurzelt und viele können überhaupt nicht mehr richtig hochdeutsch reden. Bei jüngeren Menschen ist zu beobachten, dass sie zwar viele schwäbische Worte verwenden, diese sich aber auch mit der hochdeutschen Sprache vermischen.

Im Folgenden werde ich Ihnen nun einige interessante schwäbische Ausdrücke näherbringen, damit Sie sich selbst davon ein Bild machen können und bei einem Urlaub im schönen Stuttgart auch bereits einige Worte des Schwäbischen kennen.

WOCHENTAGE = WOCHEDÄG

Montag =   Medich, Medig

Dienstag =   Afdrmedig (sozusagen „nach Mon-
                    tag")

Mittwoch =   Migda, Michda

Donnerstag =   Doschdig

Freitag =   Freidag, Freidich, Freidig

Samstag =   Samschdag, Samschdich, Samsdag

Sonntag =   Sonndag, Sonndich

Ein weiteres interessantes Wort im Zusammenhang mit den Wochentagen, ist die **Kehrwoch**. Das ist ein schwäbischer Brauch, der vor allem in Mehrfamilienhäusern angewandt wird. Einmal wöchentlich wird das Haus von innen gereinigt und vor dem Haus gefegt. Jeder Mieter muss also alle paar Wochen die Kehrwoch machen, um das Haus sauber zu halten.

UHRZEITEN

Stellen Sie sich vor, Sie wollen eine Führung in Stuttgart machen und der Veranstalter teilt Ihnen mit: **„Mir treffad ons dann om dreifirdlfinfe!"**. Das heißt soviel wie: **„Wir treffen uns dann um 16:45 Uhr!"**. Das ist eine Besonderheit, die nicht nur im schwäbischen gebräuchlich ist, mit der man die Uhrzeit in Viertel-, Halb- und Dreiviertel-Stunden einteilt. So bedeutet Dreiviertelfünf nicht 17:45 Uhr, sondern die vorherige Stunde 16:45 Uhr.

Als Außenstehender muss das sehr verwirrend sein, gibt es doch viele Menschen aus anderen Regionen in Deutschland, die diese Regel nicht verstehen und auch nicht anwenden, wenn Sie sich in Baden-Württemberg niederlassen. Dabei ist die Logik dahinter ganz einfach: Der Schwabe meint damit, dass der Zeiger dreiviertel des Weges zur vollen Stunde vollendet hat. So ist es auch mit der Bezeichnung „Viertel" und „Halb". Um das noch einmal übersichtlich darzustellen, ist hier eine kurze Übersicht über die Uhrzeit zwischen sechzehn und siebzehn Uhr:

Viertelfünfe/Viertelfünf	=	16:15 Uhr
Halbfünfe/Halbfünf	=	16:30 Uhr
Dreiviertelfünfe/Dreiviertelfünf	=	16:45 Uhr

Wenn Sie sich unsicher sind, fragen Sie lieber noch einmal nach, denn sonst gibt es Missverständnisse, die Ihnen eine entspannte Tour durch Stuttgart erschweren. Auch hierbei werden Ihnen die freundlichen Schwaben gerne behilflich sein.

ALLTÄGLICHE SCHWÄBISCHE WORTE UND BEGRIFFE IN DER GASTRONOMIE

Es ist sehr wichtig, die schwäbische Sprache vor allem bei einem Besuch im Restaurant zu verstehen. Gerade im Gastgewerbe sind viele alt eingesessene schwäbische Gastwirte, die den Dialekt beherrschen. Sie werden sehen, dass es auch hier einige Eigenheiten gibt und Sie haben damit den Vorteil, nicht unabsichtlich etwas Falsches zu bestellen.

HENRIKE SCHWABSTEDT

Hier folgen nun einige häufige Begriffe und kurze Sätze, die Sie bei einem schönen Urlaub in Baden-Württemberg hören werden:

A frisch zabbfs Bier
= Ein frisch gezapftes Bier

A Vierdale schlotza
= Ein Glas Wein trinken

Äbbas gscheids zom Essa!
= Etwas Gutes zum Essen!

Äbbira = Kartoffeln

Abpflschorrle
=Apfelschorle (halb Wasser, halb Apfelsaft)

An Guada!
= Guten Appetit

An Schuggr Soß driebrieffla
= Mit einer Menge Soße übergießen

Aufschnidd = kalte Platte, Wurstaufschnitt

Baggschdub = Bäckerei, Backstube

Gruschd = Kram, Zeug

Häggr = Schluckauf

Knofl = Knoblauch

Ogsaaug = Spiegelei

Pfannakuacha = Pfannkuchen

Rädle (Wurst) = Scheibe Wurst

Schbrudl = Mineralwasser

Trottwar, Droddwar = Gehweg

Wegga, Weggle = Brötchen

Wienerle = Wiener Würstchen

bläche miasa = bezahlen müssen

Mir dädad no zahla
= Wir möchten nun bezahlen! Rechnung bitte!

Ois = Eins

Zwoi = Zwei

Drei = Drei

Vier = Vier

Femf = Fünf

Sechs = Sechs

Sieba = Sieben

Achd = Acht

Nei = Neun

Zeah = Zehn

SCHWÄBISCHE SCHIMPFTIRADEN

Die Schwaben sind in der Regel ein sympathisches Volk, aber in der schwäbischen Sprache kommen viele verschiedene Beleidigungen und zornige Aussprüche vor. Dabei will der Schwabe in der Regel allerdings niemanden beleidigen. Viele Aussprüche sind auch einfach als Frustrationsbewältigung anzusehen, die gesagt werden, um damit den eigenen Frust über sich oder die Welt Luft zu verschaffen.

Da das auch typisch schwäbisch ist, habe ich Ihnen hier eine Auflistung gemacht, über gängige typische Aussprüche und Beleidigungen, die sie größtenteils nicht ernst nehmen müssen. Auf jeden Fall ist es sehr lustig zu betrachten, von wo die Begriffe und Flüche hergeleitet werden.

Des isch a beese Grankheid!
= Das ist kompletter Mist, wörtlich: Das ist eine böse Krankheit

Des isch vielleichd a bleedr Seggl!
= Das ist ein blöder Mensch

Donndrladich = Herr Gott nochmal!

Ha sag a mol, des gibds doch ed!
= Ja, sag mal, das gibt es doch nicht!

Haidabimmbamm = Schwäbischer Fluch

Heilandsdonndrwäddr! = Heilandsdonnerwetter!

Heiligsblächle abbr au = Heiliges Blech aber auch

Ja, soa glomb, so a elends!
= Ja so ein Mistdreck, so ein elendiger!

Mei liebr Herr Gesangsverei!
= Mein lieber Herrgesangsverein!

So a Grandsäuerei, so a vrkommene!
= So eine riesige Sauerei, so eine verkommene!

So an Scheiß = So eine Scheisse!

Hier sind jetzt noch ein paar längere typische schwäbische Flüche, die Sie unter Schwaben höchstwahr-
scheinlich hören werden:

Godd verdammlich Haidabimbam Saggzemend abbr au!

Zefix Halleluja lägg me doch am Arsch Scheissglomb verregds!

Scheißdreggs Granada Huraglomb!

Heilandzagghurahagnomol!

Haidanai!

Der ganze Gladdaradadsch ko me grad am Arsch lägga!

Ich hoffe, Sie hatten Freude an dieser Übersicht und haben auch etwas über die schwäbische Sprache dazugelernt. Für einen größeren „Crashkurs Schwäbisch" müssen Sie allerdings unbedingt die außergewöhnliche Stadt Stuttgart besuchen und dort ein paar schöne, ruhige Tage verbringen. Dann werden Sie noch mehr über die schwäbische Sprache herausfinden und eventuell auch mit neuem Sprachwissen wieder nach Hause fahren.

Die Schwaben, ob jung oder alt, freuen sich jederzeit über Gäste in der schönen Gegend rund um Stuttgart und behandeln Sie mit großem Respekt und großer Gastfreundschaft. Die Stadt wird Sie mit offenen Armen willkommen heißen und Sie bekommen einen guten Einblick in die schwäbische Lebensart, auch wenn Sie nur wenige Tage hier verbringen.

Genießen Sie ein paar erholsame Tage in der Metropole am Neckar und Sie werden gerne wieder hierher zurückkommen. Stuttgart ist für jeden Stadt- und Naturliebhaber eine Reise wert!

Packliste

Geld & Finanzen

O (evtl.) Auslandswährung
O Bargeld
O Bauchtasche
O Brustbeutel
O Bauchtasche
O EC-Karte
O Kreditkarte
O Notfall-Telefonnummern der Banken
O Portmonee

Hygiene

O Haarbürste / Kamm
O Deo (klein)
O Shampoo
O Kulturtasche
O Sonnencreme
O Taschentücher

O Reise-Zahnbürste und Zahnpasta
O Verhütungsmittel

Kleidung

O Badeklamotten
O Gürtel
O Hosen kurz / lang
O Mütze / Cap / Hut
O Pullover
O Regenjacke
O Schlafanzug
O Socken
O Sonnenbrille
O Sportklamotten / Jogginghose
O T-Shirts
O Unterwäsche

Medikamente

O Blasenpflaster
O Anti-Durchfalltabletten
O Erste-Hilfe-Set

O Fiebertabletten
O Fiebertabletten
O Mückenschutz
O sonstige Medikamente
O Pflaster
O Kopfschmerztabletten

Unterlagen & Papiere

O ADAC Unterlagen
O Adresslisten für Postkarten
O Krankversicherungsnachweis
O Stadtplan
O Führerschein
O Unterlagen für die Unterkunft
O Wasserdichte Hülle für Reiseunterla-
gen
O Impfausweis
O Mietwagenunterlagen
O Personalausweis
O Reisepass
O Reisetagebuch
O evtl. Studentenausweis

O evtl. Visum
O Zug- / Bahn- / Flugticket

Taschen & Rucksäcke

O Koffer / Trolley / Reisetasche
O Regenhülle für Rucksack
O Rucksack

Schuhe

O Badeschlappen / Hausschuhe
O Schuhe und Wechselschuhe

Sonstiges

O Brille / Kontaktlinsen und Etui
O Buch zum Lesen
O Ohrenstöpsel und Schlafmaske
O Regenschirm
O Reisedecke
O Wasserflasche
O Wörterbuch

Elektronik

O Digitalkamera
O Handy
O Ladekabel
O Kopfhörer
O evtl. Steckdosenadapter
O Power-Bank

Herstellung und Verlag:

BoD – Books on Demand, Norderstedt

ISBN: 9783750419926

1. Auflage

Kontakt: Psiana eCom UG/ Berumer Str. 44/ 26844 Jemgum

Covergestaltung: Fenna Larsson

Coverfoto: depositphotos.com